Milka Reich

Umarme dich selbst!

Über die Autorin:

Milka Reich, geb. 1965, arbeitet seit 2001 in ihrem selbst entwickelten Beruf der Berührerin. Sie berät und behandelt Menschen zu allen möglichen Fragen rund um das Thema Berührung (www.die-beruehrerin.de). Ihre Synästhesie – eine Hochsensibilität, bei der sie Berührungen, die sie woanders beobachtet, am eigenen Leib spüren kann – sowie viel Körperarbeit, Tanz und diverse Therapien haben sie auf diesen Weg gebracht. Sie lebt mit ihren beiden Töchtern in Berlin.

Milka Reich

Umarme dich selbst!

5 Minuten Berührung für Gesundheit und Gelassenheit

Lübbe

Inhalt

Vorwort

Mit diesem Büchlein möchte ich Sie an die Hand nehmen. Nichts wirkt so unmittelbar und heilsam wie eine sanfte Berührung! Sie kann wie eine Welle des Glücks durch den Körper schwappen. Sie kann aber auch mächtige Sehnsucht und Ängste wecken. Es erfordert Mut, sich berühren zu lassen, sich selbst und anderen wirklich näher zu kommen. Dazu lade ich Sie behutsam und auch ganz praktisch ein. In jedem Kapitel finden Sie kleine, wirksame Übungen, die sich ohne viel Aufwand umsetzen lassen.

Berührung ist aber nicht nur körperlich erfahrbar. Aus meiner langjährigen Arbeit weiß ich, dass zur äußeren die innere Berührbarkeit gehört. Von Klient zu Klient durfte ich körperliche und seelische Prozesse begleiten und Menschen begegnen, deren Mut zur Lebendigkeit mich wiederum sehr berührt hat. Was kann Berührung noch alles sein? Davon möchte ich hier berichten – und *begreifbar* machen.

Wir wohnen für dieses eine Leben in *diesem* Körper und keinem anderen, sosehr wir es uns auch manchmal wünschen. Sich selbst zu berühren ist erst einmal ungewohnt. Doch je näher wir uns herantasten, desto mehr öffnet sich damit ein wunderbarer Weg, sich selbst mal zu sagen: »Ich mag mich« – oder einem anderen Menschen: »Ich mag dich!«.

Berührungsarbeit ist eine ständige Suche nach dem richtigen Abstand. Im Text habe ich daher die höfliche »Sie-Form«, in den Anleitungen der Übungen jedoch das naheliegendere »Arbeits-Du« verwendet.

In diesem Sinne wünsche ich Ihnen gute Inspirationen beim Lesen und nachhaltige Erfahrungen mit den Übungen!

Milka Reich
Berlin, Juni 2019

Begriff kommt von begreifen!

Beeindruckend, berührend, unfassbar, nahe liegend, anpacken, Ecken und Kanten haben, Hand in Hand gehen, angreifen, hautnah, handfest, handlich, händeln, auf den Arm nehmen, ein Händchen haben für, anliegen, streifen, treffen, berührt, gerührt sein

1

Wir ertasten uns die Welt

Berührung zu empfinden ist uns angeboren. Wir können blind, taub oder stumm auf die Welt kommen, aber niemals ohne Tastsinn. Neugeborene zeigen einen starken Saugreflex und ertasten sich schnell den Weg zur Mutterbrust. Da sich die meisten Tastrezeptoren an Lippen und Zunge befinden, stecken sich Babys und Kleinkinder zur Erkundung der Welt erst mal alles in den Mund – sie be-greifen und er-fassen ihre Umgebung.

Auch wir Erwachsenen nehmen die Welt tastend wahr. Mit den Fingerkuppen spüren wir noch kleinste Erhebungen, können raue von glatten

Oberflächen unterscheiden und wissen genau, wie fest man ein rohes Ei halten muss, damit es weder zerbricht noch aus den Fingern gleitet. Dies erscheint banal, ist genau genommen aber eine sensorische Meisterleistung.

Die Haut mit ihren Millionen von Tastrezeptoren ist unsere Außengrenze, die uns ständig wichtige Informationen über die Beschaffenheit der Umgebung liefert. Wo hört mein Körper auf, und wo fängt z. B. die flauschige Bettdecke an? Oder der kratzige Wollstrumpf? Auf einer tieferen sensorischen Ebene verfügen wir sogar über eine Art Lageplan, wir »wissen« selbst im Schlaf genau, wie wir liegen, wie unser Körper räumlich ausgerichtet ist, wo oben, unten, vorn und hinten ist.

Der haptische Sinn lässt sich nicht »abstellen«. Er ist immer da und unentbehrlich, schafft Verbindung zwischen Selbst- und Fremdwahrnehmung, innen und außen, uns und der Welt.

Wenn Berührung fehlt

Babys, die wenig Zuwendung bekommen und keine Berührungen erfahren, entwickeln sich langsamer und können schwer Bindungen aufbauen, was fatale Folgen hat. Aus früheren wissenschaftlichen Experimenten weiß man, dass diese Kinder schwere Verhaltensstörungen zeigen oder sogar sterben. Fehlt einem Erwachsenen über längere Zeit Berührung, wird er depressiv. Oder dick. Oder beides. Ein fast 80-jähriger Klient sagte einmal: »Ich werde seit über zwanzig Jahren nur noch von meinem Friseur angefasst. Abgesehen davon, dass ich hin und wieder mal jemandem die Hand gebe. *Guten Tag* und *Auf Wiedersehen* – und das war es dann auch schon.«

Für seine körperliche und psychische Gesundheit braucht der Mensch Berührung fast ebenso dringend wie Nahrung und Schlaf. Wir müssen uns also ausreichend Berührung schenken. Als Einstieg empfehle ich folgende Übung, die sich auch sehr gut für Kinder eignet.

🐟 Bildhauer – Eine Übung für 3 Personen

In dieser Übung werden ein Bildhauer, ein Modell und eine Modelliermasse benötigt. Wählt zunächst aus, wer von euch welche Rolle übernimmt.

Der Bildhauer und die Modelliermasse bekommen die Augen verbunden. Danach sucht sich das Modell eine Stellung (Pose) aus, die es ca. 5 Minuten – stehend, sitzend oder liegend – halten kann. Der Bildhauer darf das Modell nun abtasten und anschließend versuchen, die Modelliermasse in die gleiche Position zu bringen. Sprechen ist während der gesamten Übung nicht erlaubt! Wenn der Bildhauer fertig ist, können die Augenbinden abgenommen und Modell und Masse verglichen werden. Wechselt die Rollen, sodass jeder einmal der Bildhauer ist.

Wozu ist es gut?

➡ Diese Übung hilft spielerisch, Berührungs-ängste abzubauen: sowohl die Angst, eine andere/fremde Person anzufassen, als auch von einem anderen/Fremden angefasst zu werden.

➡ Wir üben und stärken unseren Tastsinn: genaues Abtasten schärft das Gefühl für Raum und Statik. Um an den Tastsinn zu gelangen, ist es von Vorteil, den Seh-Sinn auszublenden.

➡ Die Wahrnehmung stellt sich auf »Tastmodus« um und verläuft direkter und intuitiver. Es ist erholsam, mal nicht so viel nachzudenken!

Druck kann uns erden

Einmal übernachtete ich im Winter in einer ungeheizten Berghütte und schlief unter vielen dicken und schweren Wolldecken. Ich dachte zuerst: Diese Decken erdrücken mich! Aber das Gegenteil war der Fall: Ich fühlte mich erstaunlich geborgen, der Druck war wie eine »süße Schwere« – und so schlief ich sehr gut, obwohl ich mich kaum bewegen konnte.

Auch in der Säuglingspflege nutzt man diese Wirkung: Viele Neugeborene entspannen sich, wenn man sie fest in eine Decke wickelt oder sie im Tragetuch eng an sich bindet. Die körperliche Begrenzung gibt ihnen Sicherheit, sie ähnelt der weichen und warmen Rundum-Berührung im Mutterleib. ADHS-Kindern gibt man Sandwesten, deren Gewicht einen gewissen körperlichen Druck ausüben. Natürlich darf es nicht zu viel sein, aber – Druck erdet. Man kommt »runter«.

Probieren Sie es selbst einmal aus, sich fest in eine Decke einzuwickeln. Oder halten Sie einfach mal Ihre Hände still, wie in der nächsten Übung.

Handpresse – Es gibt nichts mehr zu tun

Du liegst auf der Seite, die Beine angewinkelt. Leg deine Hände aneinander wie zum Yoga-Gruß und schiebe sie zwischen deine Oberschenkel Richtung Knie. Dann drücke die Knie zusammen, sodass beide Hände fest dazwischenliegen. Bewege die Hände nicht. Lass nur die Beine sich leicht bewegen, oder wiege dich im Ganzen ein wenig hin und her. All diese kleinen Bewegungen übertragen sich auf die Hände.

Wozu ist es gut?

Diese Übung hat eine beruhigende Wirkung, die Hände sind still, es gibt nichts mehr zu tun. Wie erleichternd! Die Handpresse eignet sich auch gut als Einschlafhilfe (siehe auch Kapitel 5).

*Tastsinn ist das
Fingerspitzengefühl der Liebe.*

Almut Adler

2 Warum Berührung so wichtig ist

Berührung lindert Depressionen und chronische Schmerzen, kräftigt das Immunsystem und senkt Herzfrequenz und Blutdruck. Sie entspannt Asthmatiker. Sie ist eine wichtige vertrauensbildende Maßnahme: Patienten empfinden Arztbesuche mit Berührung als doppelt so lang und haben mehr Vertrauen in die Behandlung. Einer Einladung zum Tanz folgt man deutlich lieber, wenn sie mit einer leichten Berührung am Arm oder an der Schulter einhergeht. Kellner, die ebensolche Berührungen verteilen, bekommen mehr Trinkgeld. Ein berührter Mensch wirkt attraktiver. Auch

Beziehungen verlaufen glücklicher, wenn sich die Partner häufig berühren. Massagen machen gute Laune, Händchenhalten beruhigt …
Diese Beispiele ließen sich noch endlos fortsetzen.

Missmut in der Partnerschaft einfach mal wegmassieren

Liebe Männer, massieren Sie Ihrer (zeternden) Frau doch einfach mal liebevoll die Füße. Nach einem schönen Fußbad und mit Öl, am besten legt sie dazu noch entspannt die Beine hoch. Und liebe Frauen, kneten Sie Ihrem (genervten) Mann doch mal ausgiebig den Nacken. Er setzt sich dazu bequem hin, legt vielleicht Arme und Kopf auf den Tisch. Statt Gejammer und Gejaule wird bald wohliges Seufzen oder Brummen den Raum erfüllen.

Berührung verbindet

Ich öffne mich demjenigen, der mich liebevoll berührt. Wir wenden uns einander zu – schon ist Verbindung hergestellt. Die frühe Mutter-Kind-Beziehung ist hier *die* Voraussetzung für spätere Kontakt- und Bindungsfähigkeit. Aber auch wir Erwachsenen sind nicht für ein Leben ohne einander gemacht: Experimente der schwedischen Forscherin Kerstin Uvnäs Moberg zeigen, dass Menschen, die zu wenig Nähe mit anderen erfahren, weniger Oxytocin ausschütten. Dieses »Kuschelhormon« ist sehr wichtig, denn es schenkt uns Vertrauen und Zufriedenheit, macht leistungsfähiger und gesünder. Also – egal in welchem Alter: Einmal umarmen, bitte!

Wenn wir Kontakt zu anderen Menschen aufnehmen möchten, ist es hilfreich, sich vorher zu fragen: Wer oder was bin ich *noch*/bist du *noch* außer dem, was ich schon kenne? Mit den vertrauten Anteilen ist man meist recht gut verbunden, ja man könnte auch sagen, verstrickt oder verklebt. Hier

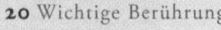

kann Berührung helfen. Sie löst alte Klebestellen und verbindet neu.

Die folgenden Übungen bilden diesen Prozess auf einer physischen (und deshalb gut nachvollziehbaren) Ebene ab. Es werden Körperteile verbunden, die sich sonst eher nicht begegnen. Das fühlt sich am Anfang vielleicht etwas komisch an. Lassen Sie sich ruhig irritieren, bleiben Sie neugierig auf sich selbst.

Hand und Fuß – zwei Pole begegnen sich

Du liegst auf dem Rücken, die Beine aufgestellt, Arme links und rechts zu den Fersen hin ausgestreckt. Die Handflächen liegen nach oben offen auf dem Boden. Stell nun deine Fersen auf deine Finger, dann in deine Handteller. Rutsche, ruckele dich zurecht. Bewege eher nicht die Hände, sondern die Fersen in den Handinnenflächen hin und her, spüre, variiere den Druck.

Wozu ist es gut?

➡ Diese Übung bricht mit bekannten Berührungsmustern. Kontakt ist so vielfältig. Es gibt immer wieder Neues zu entdecken!

Hüfte und Hand –
beschenke und bedanke dich

Du liegst auf dem Bauch, entspannt ausgestreckt.
Kopf zur Seite. Nimm die Arme seitlich nach
unten in Hüfthöhe, Handflächen offen nach
oben zeigend. Dann schiebe deine Hände langsam unter dich, in die Leistengegend. Suche deine Hüftknochen, schiebe die Handflächen unter
die Hüftknochen und lass sie dort liegen. Beweg
nun dein Becken langsam etwas hin und her, rolle
die Hüftknochen über deine Handflächen, nach
rechts, nach links, spüre, wie spitz diese Knochen
sind und wie sie sich in deine Hände bohren, wenn
du im Becken ein wenig mehr Druck gibst. Du
kannst auf diese Weise deine ganzen Handinnenflächen mit den Hüftknochen massieren. Bewege
dabei eher nur das Becken und nicht die Hände.
Zusatz: Wer will, kann die Hände später noch weiter die Leistengegend hinunterschieben, bis zum
Genitalbereich. Streichele, knete dich dort selbst,
sei nett zu deinem Geschlecht. Es geht weniger um
Erregung als um Begrüßen, um Anerkennung: Ah,
du bist ja auch noch da!

Wozu ist es gut?

Dein Körper – dieser und kein anderer – leistet dir so viele Dienste, er trägt und begleitet dich ein Leben lang. Bei dieser Übung liegst du in deinen eigenen Händen und kannst dich dafür mal bedanken!

Ab durch die Mitte

Du liegst auf dem Bauch. Klappe die Unterschenkel hoch, Füße in die Luft. Nimm die Knie nach rechts und links so weit auseinander, bis sich deine Fußsohlen mittig berühren können. Ruckele dich zurecht, es soll bequem sein. Zieht es zu sehr in den Leisten, nimm die Knie wieder mehr zusammen. Spüre die Verbindung deiner Fußsohlen, drücke oder reibe sie aneinander. Lege den Kopf gerade ab, Stirn auf den Boden. Streck die Arme nach vorn, über den Kopf auf dem Boden aus und lege die Handflächen wie zum Yoga-Gruß aneinander.

Dann winkele die Arme an: Lass sie bis zum Ellbogen auf dem Boden liegen, hebe die Unterarme
mit den verbundenen Handinnenflächen in Richtung Kopf, vielleicht berühren deine Hände auch
die Haare.

Spür nun deine Hände und Fußsohlen. Bewege beides ein wenig. Klappe z. B. die verbundenen Hände und Füße gleichzeitig etwas vom Körper weg, nach vorn und hinten und wieder zurück. Reibe oder drücke beides aneinander. Spüre die Mittelachse in dir, die verbundenen Hände und Füße ziehen und verstärken diese Linie durch den ganzen Körper.

Zum Schluss mit Händen und Füßen applaudieren!

🌿 Wozu ist es gut?

➡ Diese Übung verbindet verschiedene Pole (rechts-links/oben-unten) und bringt dich in deine eigene Mitte.

Knie-Kreuz – sich halten und öffnen

Setz dich auf den Boden, die Beine locker vor dir aufgestellt. Lass die Knie nach rechts und links sinken, bis sich die Fußsohlen vom Boden lösen. Drücke deine Fußsohlen aneinander. Wenn das in der Leiste wehtut, lass die Knie nicht so tief sinken. Lege deine Hände an die Außenseiten der Knie und halte sie. Dann drücke sie langsam wieder zurück nach oben, dabei lösen sich die Fußsohlen voneinander und stellen sich wieder auf. Drücke weiter zusammen, bis die Knie sich nun am höchsten Punkt berühren und die Füße eng nebeneinander wieder auf dem Boden stehen. Lege die Hände nun direkt auf die Knie und lass sie in die Verschränkung gleiten: rechte Hand auf linkes Knie, linke auf rechtes. Halt die Knie so fest. Dann lass sie, in der Verschränkung, erneut langsam nach außen sinken. Die Knie ziehen deine Arme mit. Kopf und Oberkörper gehen automatisch mit nach vorn. Atme aus. Lass die Knie weiter sinken, die Fußsohlen sich erneut berühren. Vor deiner Brust kreuzen sich eng deine Oberarme, spür das »Päckchen«, das sie bilden, das Gehalten-Sein. Je mehr die Knie mit den Armen nach außen ziehen, desto enger wird das Päckchen.

Nun lass deine Hände wieder den Zug übernehmen, sie führen (verschränkt) die Knie zurück und hoch zur Mitte. Richte dich dabei auf und atme *ein*. Sind Füße und Knie wieder eng nebeneinander aufgestellt, wechselst du am höchsten Punkt die Verschränkung: Die Hand, die unter der anderen lag, greift nun über die andere und kommt aber wieder auf demselben Knie zu liegen. Lass erneut die Knie langsam nach außen sinken, der Zug der Knie nimmt die Arme mit, in neuer Verschränkung. Der Oberkörper sinkt nach vorn, atme *aus*, die Fußsohlen berühren sich.

Du kannst diesen Wechsel später auch schneller machen, dabei in der Aufrichtung einatmen, im Sinken ausatmen, immer wenn die Knie sich am höchsten Punkt berühren, die Hände wechseln.

Löse zwischendurch die Verschränkung und leg die Hände ganz »normal« auf deine Knie, so wie man es kennt, rechte Hand auf rechtes Knie und linke Hand auf linkes. Lass die Knie ohne Arm-Verschränkung nach außen sinken. Lass dabei den Rücken gerade aufgerichtet etwas nach vorn gehen. Dies ist eine natürliche Öffnung und ohne Arme vor der Brust leicht möglich. Atme *ein* dabei. Wechsele normale mit verschränkter Stellung ab, in deinem Tempo.

Wozu ist es gut?

Bei dieser Übung ergibt sich eine irritierend schöne Verbindung zwischen Armen und Beinen. Verbindungspunkt: die Knie. Mal ziehen die Knie, und der Oberkörper folgt, mal ziehen die Arme, und die Beine folgen. Dadurch wird das eigene Zentrum (Herz) immer abwechselnd auf und ab bewegt und zwischenzeitlich mit den überkreuzten Armen schön fest gehalten.

Der gesamte Körper spannt sich ausgewogen und angenehm im Raum auf. Du selbst bist es, der dich zieht, bewegt und gleichzeitig hält und schützt.

Der völlig natürlich in die jeweilige Dehnung fließende Atem unterstützt den Fluss und verbindet alle Teile deines Körpers zu einer Einheit.

Es ist immer gut, das Herz durch den Raum zu bewegen.

Knie-Kreuz im Liegen –
spann dir dein eigenes Auffangnetz

Du liegst auf dem Rücken. Zieh die angewinkelten Beine zu dir, Füße heben sich vom Boden. Lege deine Hände auf die Knie, rechte Hand auf das rechte, linke auf das linke Knie. Halte sie fest. Lass beide Füße, Beine, Knie ein wenig Richtung Boden sinken. Halte die Knie weiter fest, Arme und Oberkörper werden mitgezogen. Schaukele so ein wenig auf und ab. Dann lass abwechselnd ein Bein sinken, dann das andere. Spür den seitlichen Zug. Geh anschließend in die Verschränkung:

Lege die rechte Hand auf dein linkes Knie, und lass die linke Hand währenddessen frei auf deinem Bauch liegen. Nun sinkt dein linker Fuß nach vorn, Richtung Boden, während du mit der rechten Hand das linke Knie festhältst. Dein rechter Arm geht mit, es entsteht – ganz leicht – ein diagonaler Zug durch deinen gesamten Oberkörper. Du kannst die rechte Schulter mit hochnehmen und sogar seitlich den Kopf folgen lassen, wenn du willst. Spür die Dehnung. Dann geh langsam zurück, lege Kopf und Schulter wieder ab. Während

du nun mit der linken Hand dein rechtes Knie
greifst, lass die rechte Hand auf deinen Bauch sinken. Zieh dich diagonal in die andere Richtung.

Wozu ist es gut?

Körperliche Diagonalverbindungen spürt
man selten bewusst. Dabei gibt es nachweislich
eine Verbindung zwischen linker Gehirnhälfte
und rechtem Bewegungsapparat – und umgekehrt. Allein die Vorstellung von sich im Körper
kreuzenden Linien erzeugt ein Gefühl physischer
Stabilität und Ausgewogenheit. Als körperliche
Übung sicht- und spürbar gemacht, wirkt dies
noch stärker.

Berührung gibt Halt

In manchen Lebenssituationen werden wir so durchgeschüttelt, dass alles aus den Fugen gerät. Eine schwere Krankheit bricht aus, ein Kind wird geboren, ein geliebter Mensch stirbt, der Partner verliebt sich in jemand anders, ein großer Umzug steht an, oder der Job ist weg. Wer kennt das nicht? Alles gerät ins Schwanken. Unsicher greift man um sich und sucht Halt. Aber da ist nichts und niemand. Außer man selbst.

Die folgende Übung ist eine Handhaltung, bei der man beide Hände (z. B. im Schoß oder vor sich auf dem Tisch liegend) auf eine Weise ineinandersteckt, dass es sich anfühlt wie doppelt »eingestöpselt«. Jede Hand ist eine Art Steckdose für die andere.

Doppelstecker 1

Die Grundhaltung: Beide Hände kommen horizontal aufeinander zu, die Handrücken zeigen nach oben. Daumen und Zeigefinger werden ausgestreckt, die 3 restlichen Finger leicht eingeklappt.

- 3 Finger der rechten Hand umfassen den Zeigefinger der linken.
- 3 Finger der linken Hand umfassen den Daumen der rechten.

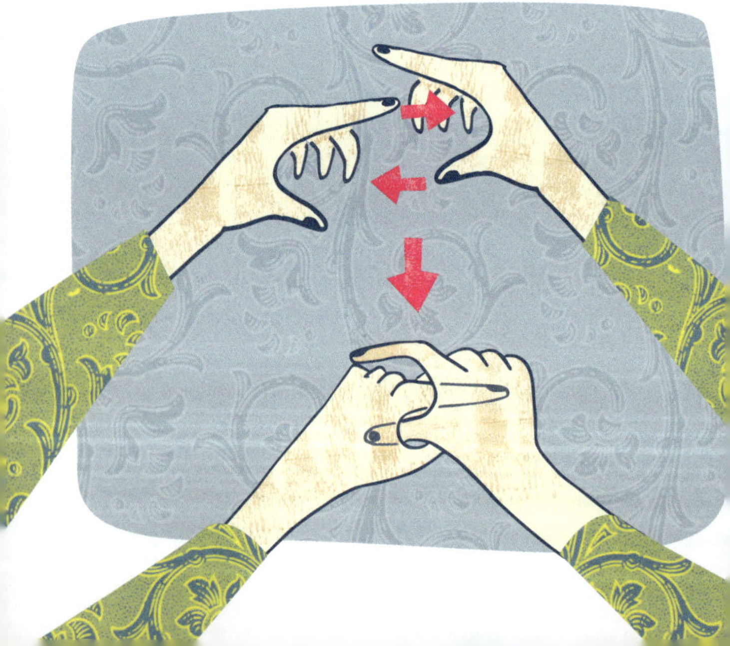

Fortsetzung in die andere Richtung:

- Die 3 restlichen Finger der linken Hand umfassen den Zeigefinger der rechten.
- Die 3 Finger der rechten Hand umfassen den Daumen der linken.

Die Hände bilden bei der Doppelstecker-Übung ein sicht- und spürbares Bündnis mit sich selbst. Greif ggf. auch mal fester zu. Spür das gegenseitige Eingestöpseltsein. Deine eigene innere Verbundenheit ist fühlbar stärker als äußere Störungen.

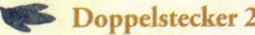 **Doppelstecker 2**

Diese Haltung ist einfacher herzustellen, aber etwas unbequemer als Doppelstecker 1.

Hier werden nur die Daumen umfasst: Halte beide Hände vor dich. Den rechten Handrücken siehst du von oben, der Daumen ist nach unten gerichtet. Die linke Hand siehst du von innen, also die Handfläche, der Daumen ist nach oben gerichtet. Nähere beide Hände einander an, der linke Daumen verschwindet hinter den Fingern der rechten Hand, der rechte Daumen liegt an den Fingern der linken Hand. Dann umfasse jeweils die Daumen mit den Fingern.

Die Haltung ist entspannter, wenn man sitzt, sich dabei leicht vorbeugt und die Ellbogen auf die Knie stützt. Hilfreich ist auch, wenn die Daumen-Achse nicht ganz senkrecht steht, sondern leicht schräg.

🐦 Wozu ist es gut?

➡️ Die Doppelstecker-Übungen ermöglichen dir, in Sekundenschnelle eine Art inneres Geländer aufzubauen, an dem du dich festhalten kannst. Je öfter du die Haltung machst und verinnerlichst, desto besser kannst du im Notfall dann ohne großes Nachdenken darauf zurückgreifen.

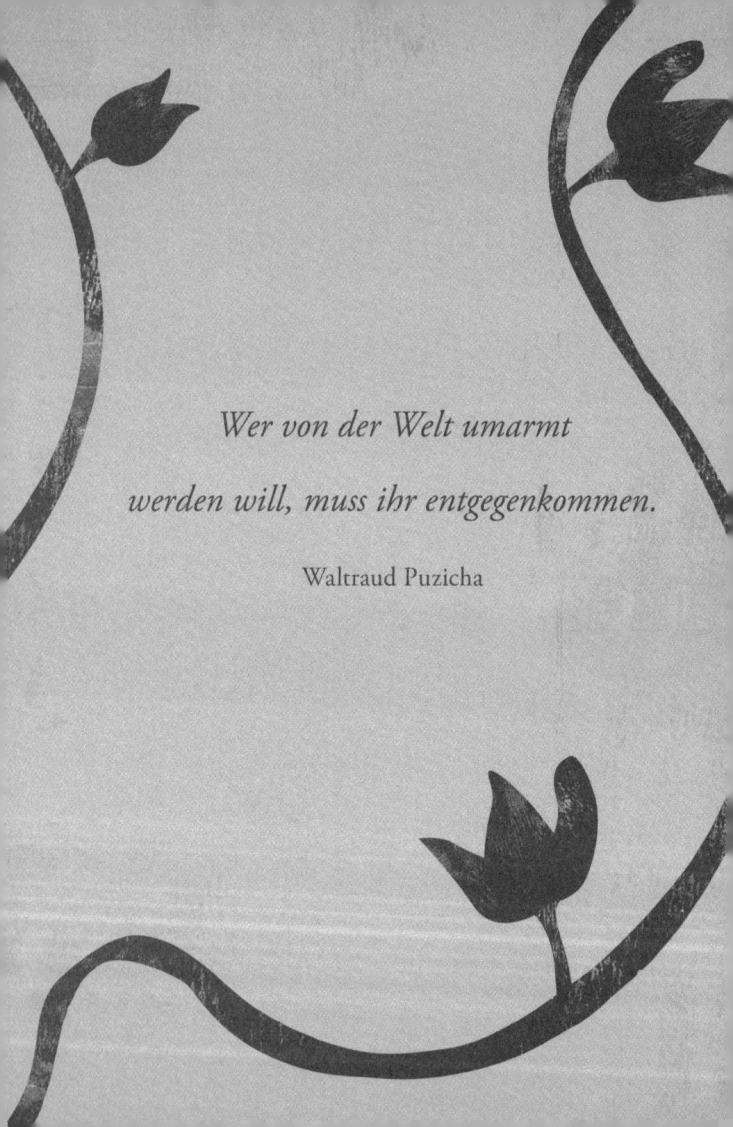

Wer von der Welt umarmt

werden will, muss ihr entgegenkommen.

Waltraud Puzicha

Äußere **3** Berührung:
Der **Stoff**, aus dem
die **Dinge** sind

Neulich stieg ich in die U-Bahn. Ich musste stehen, eine Hand in der Halteschlaufe, in der anderen Hand eine Tasche – also keine mehr frei, um noch das Handy aus der Jacke zu fischen. Dadurch hatte ich aber plötzlich nichts zu tun. Ich sah, dass andere Mitfahrer trotz Tasche und Haltegriff ihr Handy befingerten, und die, die einen Sitzplatz hatten, wischten und tippten sowieso schon. Ich fing an, um mich herum zu zählen, und kam auf nahezu 25 Handyhalter gegenüber drei Handylosen. Wenn unsere Handys bei Berührung stöhnen oder seufzen könnten – was wäre das für eine Geräuschkulisse!

Das **Handy** ist unser ständiger und engster Beglei-
ter geworden, egal ob im Bett oder auf dem Klo,
wir tätscheln es zwischen 2000- und 5000-mal am
Tag.
Zum Vergleich: Einen Menschen umarmen wir im
Schnitt zweimal die Woche.

Wir halten nicht mehr Händchen,
sondern Handychen.

Auf dem Boden bleiben

Wir gehen täglich über verschiedenste Untergründe, und obwohl wir Schuhe tragen, bekommen wir doch meist mit, ob eine Treppe aus Holz oder aus Stein ist. Warmer Dielenboden unterscheidet sich von kalten Fliesen, weicher Teppich von hartem Linoleum. Wir laufen über Pflaster, Asphalt, Wiese, Sandstrand, kleine Steinchen. Würden wir uns mehr barfuß bewegen, wären wir mit dem Boden unter uns ganz anders verbunden und hätten eine sinnlichere und differenziertere Wahrnehmung von der Erde. Wir würden langsamer gehen, weil wir nicht umhinkönnten, Schmerz bei spitzen Steinen zu spüren oder den Genuss von kühlem, weichem Waldboden. Unser Gang würde vorsichtiger und achtsamer werden.

Was wir alles anfassen

Das Material, das wir am häufigsten berühren, ist – wen wundert es – Plastik. Kunststoffbecher, Mixer, Lenkrad oder Schalthebel, unser Alltag ist voll davon. Am Körper tragen wir täglich verschiedene Stoffe und Textilien. Fahrradgriffe sind aus Gummi, Geländer und Kochlöffel aus Holz, Besteck aus Metall. Bei jedem Blatt Klopapier registrieren wir genau, wie rau oder anschmiegsam es ist. Wir wandern durch die Natur oder arbeiten im Garten und spüren hautnah jedes Wetter.

Eine der sinnlichsten Beschäftigungen ist Kochen. Wir reiben, rühren, schnippeln, gießen … schon ein Zwiebelchen bringt uns zum Heulen! Da kocht was hoch. Zutaten sind flüssig, hart, scharf, weich, grobkörnig oder fett, von den Farben mal ganz abgesehen. Ob Duft, Geschmack und Konsistenz – alle verfügbaren Sinne sind ständig gefordert, und es gibt das Gerücht, Köche seien auf jeden Fall die besseren Liebhaber. Vielleicht heißt es auch nicht umsonst: »Ran an den Speck!«?

Natürlich berühren wir auch andere Menschen, ganz besonders unsere eigenen Kinder, den Partner oder Freunde (siehe Kapitel 6). Wir lassen uns vom Arzt und Physiotherapeuten behandeln und sind regelmäßig beim Friseur, der uns die Haare wäscht. Wir schütteln viele Hände. Wir streicheln unseren Hund.

Fakt ist jedoch: Wir berühren täglich viel mehr Materie als lebende Wesen.

Blindgänger

Verbinde dir die Augen und beweg dich so eine Weile vorsichtig durch deine Wohnung. Oder versuch mal, blind etwas zu schreiben, zu zeichnen oder zu essen.

Wozu ist es gut?

Statt mit den Augen einmal mit den Händen zu »sehen«, verändert deine gesamte Wahrnehmung. Du bewegst dich langsamer, kannst klarer und feiner spüren. Du riechst, hörst und schmeckst intensiver. Es tun sich ganz neue Welten auf.

Eine innige Umarmung ist,

als zöge man seine inneren Jalousien

hoch, um die Sonne in sich reinzulassen.

Peter E. Schumacher

4 Innere Berührung:
Was uns ergreift

Ein einziger niederschmetternder Blick, und es ist Schluss mit lustig! Umgekehrt kann ein liebevoller Blick, ja vielleicht sogar mit Tränen, unser Herz auf der Stelle zerfließen lassen.

In beiden Fällen kommen zwei Dinge zusammen: einmal der Ausdruck, den der *Sender* in seinen Blick oder seine Geste legt. Ist er stark und eindeutig, wirkt er auch entsprechend. Zum andern die Bereitschaft des *Empfängers*, sich innerlich überhaupt berühren zu lassen.

Wie berührbar sind wir? Es braucht nicht immer physische Berührung, um sich innerlich wie vom

Blitz getroffen zu fühlen. Beides ist eng miteinander verbunden. Auch eine Massage kann nichts in der Tiefe ausrichten, wenn der Empfangende nicht auch innerlich berührbar ist.

Berühren und berühren lassen

Ein Klient lag während einer Massage wie ein Stein auf der Matte, ich konnte keinerlei Verbindung, keine Resonanz spüren. Mit der Zeit fühlte ich mich als Gebende immer unwohler und sprach ihn schließlich vorsichtig darauf an. Da erzählte er, dass seine Frau vor Kurzem gestorben sei. Er sei unglaublich einsam und habe sich durch eine Massage bei mir mehr Verbundenheit oder zumindest Linderung seines Zustands erhofft. Dies sei aber ja nun offensichtlich nicht möglich, es stimme, er fühle sich wie ein Stein. Er fing an zu weinen. Den Rest der Sitzung verbrachten wir mit Reden und Trauerarbeit, und zum Schluss hielt ich ihn einfach sehr lange schweigend im Arm. Ohne das tatsächliche Hinspüren hätte ich seine (Trauer-) Blockade aber nicht bemerkt, was zeigt, dass auch der Gebende gut daran tut, sich innerlich berühr-bar zu machen.

Sinne schärfen

Unsere Sinne liefern uns täglich viele Eindrücke. Sie sind die Wege und Kanäle, über die wir wahrnehmen, reagieren, betroffen und berührt sind. Je mehr wir diese Kanäle öffnen, unseren Sinnen mehr Raum geben, desto wacher sind wir in unserer Wahrnehmung und unserem Körpergefühl und desto leichter kommen wir in Kontakt.

Dies hilft, sich für anderes und andere zu öffnen:

- öfters barfuß laufen
- mehr Zeit in der Natur verbringen
- immer mal wieder Sonnenauf- oder untergänge bewusst erleben, ihr Licht und die Stimmungen in uns einsickern lassen
- häufiger Verabredungen mit einem »echten« Gegenüber treffen
- mehr Blickkontakt zulassen
- mehr Körperkontakt zulassen

- mal was *tun*. Nicht immer warten, bis einen jemand zum Essen einlädt. Selbst mal zum Essen einladen … oder gemeinsam kochen
- mutig sein: Massagen ausprobieren (sich z. B. gegenseitig im Bekanntenkreis massieren), tanzen gehen, sich mehr bewegen, im Chor singen, an einer Kuschelgruppe teilnehmen (findet sich in jeder größeren Stadt, siehe z. B. unter www.cuddlers.net) usw.
- mal was *lassen*. Einfach mal darauf *verzichten*, schon wieder die Wände hochzugehen, wenn der Partner oder das Kind Sie provozieren. Oder Sie treffen eine unsympathische Person? Mal nicht gleich ärgern. Warum immer Trennendes hervorheben? Lieber sehen, was verbindet.
- uns regelmäßiger bewegen: Treppen steigen statt Aufzug nehmen. Öfter mal zu Fuß gehen. Mit dem Rad statt dem Auto fahren
- öfters in stillem Kontakt mit uns selbst sein

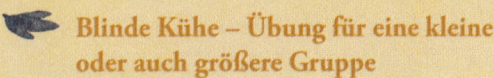

Blinde Kühe – Übung für eine kleine oder auch größere Gruppe

Für diese Übung braucht man je nach Gruppengröße einen geeigneten Raum oder geht in den Garten oder auf eine Wiese im Park. Die Übung sollte mindestens 20 Minuten dauern. Los geht's:

Alle bis auf eine Person haben die Augen verbunden, sind »blinde Kühe«. Die sehende Person ist Aufpasser, damit niemand zu Schaden kommt. Die blinden Kühe bewegen sich frei durch den Raum. Eine schöne, ruhige Musik im Hintergrund kann helfen. Stille ist manchmal aber auch sehr schön. Sprechen ist nicht erlaubt. Sie können dabei den folgenden Fragen nachgehen: Wie spüre ich, dass jemand in der Nähe ist, wie gehe ich

in Körperkontakt? Oder wie vermeide ich ihn? Wie ist es, jemanden zu spüren, aber nicht zu sehen? Wie bewege ich mich ohne optische Hilfen im Raum?

Wozu ist es gut?

Im Tastmodus tun sich völlig neue Wahrnehmungswelten auf. Wir sind vorsichtiger und gleichzeitig mutiger. Wir »wissen« weniger, aber lernen z. B. etwas darüber, wie wir Grenzen setzen oder gesetzt bekommen.

11 Punkte, um Kontakt **herzustellen**:

1. Vergiss alle Regeln.

2. Geh mit dir selbst in Kontakt.

3. Erlaube dir, Fehler/Experimente zu machen.

4. Verpasse den richtigen Augenblick.

5. Teile mit, was dir peinlich ist.

6. Engagiere dich für den Kontakt.

7. Werde dir über deine Motivation bewusst.

8. Steh zu deinen Ängsten.

9. Teile dich absichtslos mit.

10. Sei großzügig.

11. Sei betroffen.

11 Punkte, um Kontakt zu **vermeiden**:

1. Lege dich auf genau EINEN Weg fest, Kontakt zu machen.

2. Geh auf alle Menschen auf die gleiche Art und Weise zu.

3. Versuche, alles richtig zu machen.

4. Nimm alles ganz genau.

5. Beeil dich.

6. Zögere so lange, bis du keine Lust mehr auf Kontakt hast.

7. Analysiere den/die andere/n.

8. Verleugne dein eigenes Wesen, spiele eine Rolle.

9. Sag niemals Nein.

10. Sei wie Teflon, alles gleitet an dir ab.

11. Setz dich allein vor den Fernseher.

Herzöffner

Sitz oder steh aufrecht, mit freiem Platz um dich herum. Lege eine Hand auf dein Herz, lass die andere zur Seite hin öffnen, etwa in Brusthöhe, Handfläche zeigt offen nach vorn. Atme aus dabei. Beim nächsten Einatmen führe die Hand von deinem Herzen nach außen und klappe gleichzeitig die andere, die außen war, zu dir hin, aufs Herz. Bewege die Arme in deinem Atemrhythmus immer hin und her. Atme dabei beispielsweise zur linken Seite ein und zur rechten aus. Du entscheidest, ob du die Arme streckst oder anwinkelst, zu welcher Seite du ein- oder ausatmest und in welchem Tempo, ob du weit öffnest, leicht nach oben gerichtet oder sogar mit leichter Drehung nach hinten. Probiere aus, was du magst. Vielleicht ist die Öffnung zu Beginn klein und langsam, wird mit der Zeit aber immer weiter und schneller und beruhigt sich zum Ende hin wieder. Sei mit dem Atem immer dabei: links ein, rechts aus.

 **Wozu ist es gut?**

Die Bewegung zeigt beides gleichzeitig: ein Hineinschaufeln von Energie in dein Herz und ein Hinausgeben deiner Herzenergie in die Welt.
Sie ist dreifaches Geben und Nehmen:

- in einer äußerlich sichtbaren Bewegung
- im Atemrhythmus
- innerlich, im Geist

Die Übung stammt ursprünglich aus dem Kundalini-Yoga. Falls du mehrere Übungen hintereinander machen möchtest, eignet sie sich gut am Anfang oder am Ende einer Übungsserie. Mache den Herzöffner so lange, wie es dir guttut oder für 2 bis 4 Minuten. Dann schließ die Augen, lege die Hände ab und spür nach.

Jemand anders bin ich selbst

Mach die Probe: Nimm dein Gesicht in die unver-
schränkten Hände (rechte Hand an rechte Wange,
linke an linke, so wie man es kennt) –, und dann
wechsele in die Verschränkung. Diese ermöglicht
uns, für kurze Zeit so zu tun, als seien wir jemand
anders, den wir berühren. Oder umgekehrt: Unserem Empfinden nach werden wir von jemand
anders berührt, sind es aber in Wirklichkeit selbst.

Wozu ist es gut?

Die Verschränkung verwirrt die Gehirnhälften
und somit unsere Körperwahrnehmung. Besonders
im Gesicht wirkt es sehr irritierend. Es ist ein wunderbarer Trick, der es uns leichter macht, mal nett
zu uns zu sein.

Rückzug ins Innere

Das Leben in der Stadt, insbesondere einer Groß-stadt, ist meist schnell und laut. So viele Möglich-keiten, so viele Straßen voller Geschäfte, Men-schen, Autos. Schlechte Luft und Lärm und Licht, rund um die Uhr. Die schlechte Nachricht: Ein stilles Plätzchen, um mal runterzukommen, ist da manchmal schwer zu finden. Die gute: Das stille Plätzchen ist *in dir*.

Die folgende Übung wirkt besonders intensiv, wenn sie im Anschluss an »Jemand anders bin ich selbst« (siehe Übung zuvor) gemacht wird.

Raum der Stille

Bleib mit verschränkten Händen an deinem Ge-sicht: linke Hand an rechter Wange, rechte Hand an linker. Wandere langsam zu den Ohren (dabei die Ellbogen evtl. etwas weiter nach vorne stre-cken oder sie auf dem Tisch abstützen, falls es zu anstrengend wird). Massier dir die Ohrmuschel, die Ohrläppchen. Lege dir dann erneut die (ver-schränkten) Daumen auf die Lippen, nur ganz

leicht, als symbolischen Verschluss, und gleichzeitig die Mittelfinger an die Ohren, genauer, auf
den Teil, den wir zudrücken, wenn wir uns fest die
Ohren zuhalten wollen. Schließ die Augen, oder
tu dies, wenn du fertig gelesen hast, und halte dir
dann tatsächlich fest die Ohren zu – mindestens 10
Atemzüge lang.

Du betrittst deinen inneren Raum der Stille. Alles
hält an, alle Sinne außer dem Tastsinn sind ausge-
schaltet. Du hörst nur noch deinen eigenen Atem.
Lausche ihm und lass ihn einfach fließen.

Wozu ist es gut?

Diese Übung ist ein echter »Cut«. Sie kann einen im
Handumdrehen zu sich selbst zurückbringen, wenn
die Welt um einen herum tobt und brüllt und mal
wieder alles zu viel ist. Sie lässt sich bequem im Sitzen
oder liegend machen. Man hat den eigenen Raum
der Stille tatsächlich überall dabei – im Büro, unter-
wegs in der Bahn oder im Bus – und kann sich damit
jederzeit selbst entschleunigen und neu zentrieren.

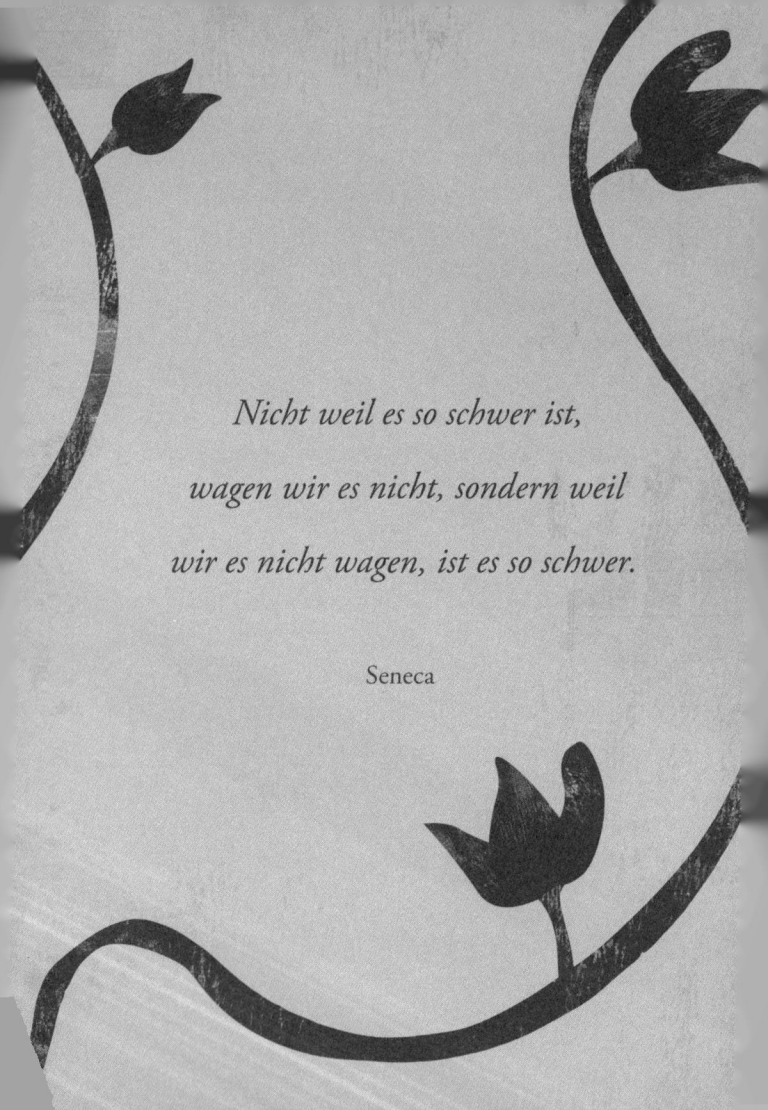

Nicht weil es so schwer ist,

wagen wir es nicht, sondern weil

wir es nicht wagen, ist es so schwer.

Seneca

5

Selbstberührung:
Tu dir Gutes

Wir streichen uns die Haare hinters Ohr, zupfen an der Nase, kneten Lippen, reiben uns die Augen oder stützen den Kopf in die Hände. Wir tun dies 4- bis 800-mal am Tag, ohne bestimmte Absicht und auch ohne es großartig zu bemerken. Was steckt dahinter, dass wir etwas *so* häufig *so* unbewusst tun?

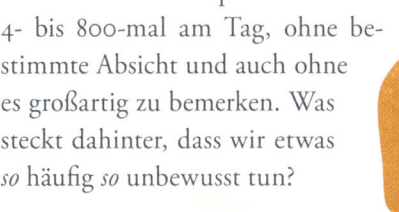

Unter psychologischen Gesichtspunkten sorgt Selbstberührung für eine Art innere Rückkopplung oder Rückbesinnung. Diese können wir in Situationen, in denen man »außer sich« gerät, gut gebrauchen. Die Wirkung ist einfach: Wir geben uns einen äußeren, körperlich gut spürbaren Reiz, um uns innerlich zu beruhigen oder neu zu konzentrieren (Quelle: Haptik-Labortest Grunwald, Homo Hapticus, S. 149-151). Dies funktioniert beim Erwachsenen offensichtlich noch genauso gut wie beim Embryo.

Selbstberührung und Selbstliebe

Wir sind es nicht gewohnt, uns aktiv oder gar liebevoll selbst zu berühren. Wir merken es nicht einmal, wenn wir es tun. Obwohl sie auch eine wunderbare Form der Selbstberührung ist, meine ich hier ausdrücklich nicht die sexuelle Selbstbefriedigung. Selbstberührung ohne besonderen Grund erscheint uns banal, unüblich, seltsam. Man kennt sich selbst doch so gut, warum sollte man sich anfassen? Womöglich muss man sich dazu selbst lieben?

Ja. Das wäre schön. Aber Selbstliebe ist ein großes Wort! Hier ein kleiner Trick: Es genügt für den Anfang völlig, mal mit sich *zufrieden* zu sein.

Warum fällt es trotzdem so schwer, sich bewusst selbst zu berühren?

Selbstberührung in bestimmten Lebenslagen

Wenn wir uns berühren, spüren wir mit unseren Fingerkuppen unsere Haut, sind Gebender und Nehmender zugleich. Diese doppelte Wahrnehmungsmöglichkeit sollten wir ausnutzen. Sich selbst Aufmerksamkeit zu schenken und sich zu berühren, kann helfen, Stress abzubauen, sich lebendig und gleichzeitig in sich ruhend zu fühlen. Egal wann, an welchem Ort – wir brauchen nur uns! Die folgenden Übungen zeigen, in wie vielen Lebenslagen Berührung der Weg zu mehr Freude, Ruhe, Motivation und Kraft ist.

Fingerfächer – sich verlieren und sich einsammeln

Nimm bei dieser Übung möglichst die Ringe ab. Lege die Hände übereinander auf den Tisch und lass die Finger in ihre jeweiligen Zwischenräume sinken.

Wechsele ab und zu die Hand, die oben liegt. Betrachte deine Finger, wie sie einmal von unten und einmal von oben kommend nebeneinander liegen. Wie die Fingernägel am Ende auf gleicher Höhe eine gleichwertige Reihe bilden und man vielleicht gar nicht mehr so genau sagen kann, von welcher Hand jetzt welche Finger kommen. Wenn man direkt von oben schaut, könnte das Ganze auch eine Art Flosse sein oder ein völlig fremdes Wesen. Bewege ganz leicht die Fingerkuppen auf und ab, ohne den Fächer zu verschieben.

 Wozu ist es gut?

Mit dieser Handhaltung kannst du dich sammeln und Gegensätze vereinigen. Außerdem hast du Anteile in dir, die dir unbekannt sind. Schau hin, lass sie atmen.

Besser schlafen

Schlecht einzuschlafen oder nachts wach zu liegen, während es draußen dunkel und still ist und alle anderen leise vor sich hin schnarchen, ist nicht lustig. Es scheint, als würde man gerade *dann* innerlich anfangen zu zappeln, als würde die äußere Ruhe die innere Unrast geradezu einladen oder noch verstärken. Statt am Morgen erholt und ausgeschlafen den neuen Tag zu beginnen, fühlt man sich wie gerädert.

Die folgenden Haltungen können helfen, Ruhe zu finden.

*Wen die Liebe bettet,
der ruht gut.*

Nach Adalbert von Chamisso

 **Händchen halten**

Nimm deine bevorzugte Seitenlage ein. Liegst du auf der rechten Seite, hält die rechte Hand die linke, etwa auf Kinnhöhe, wie abgebildet.

Selbstumarmung

Du liegst z. B. auf der rechten Seite. Der linke Arm wandert angewinkelt zur rechten Schulter, die linke Hand greift an den Hals oder um die rechte Schulter. Der rechte Arm legt sich unterhalb des linken um den Körper. Die rechte Hand auf der linken Rippenseite ablegen. Es wirkt beruhigend, sich so zu umfassen. Noch beruhigender ist es, sich dabei ein wenig hin und her zu wiegen, wie ein kleines Kind. Vielleicht hast du sogar Lust, ein wenig vor dich hin zu summen. Du kannst auch die Beine anwinkeln, wenn du noch mehr zum »Päckchen« werden möchtest.

Offene Wiege

Du liegst auf dem Rücken, die Beine aufgestellt. Lass die Knie nun entspannt zur Seite fallen, sodass sich die Fußsohlen berühren. Lege entsprechend Polster oder Kissen unter deine Knie, um sie zu stützen. Berühren sich nur die Außenseiten der Fußsohlen, nimm mehr Kissen. Umgekehrt, weniger. Die

Beine müssen nicht stark angewinkelt sein, es soll keinerlei Anstrengung nötig sein. In dieser Lage öffnet sich das Becken, der gesamte Unterleib. Gleichzeitig bieten die vereinten Füße Halt. Lege deine Hände ab, wo auch immer du das Gefühl hast, sie könnten dort entspannt liegen und dir guttun. Bei Unterleibsschmerzen kannst du dir noch eine Wärmflasche auf den Bauch legen.

Spüre nach, wie du dich fühlst. Empfindest du die Stellung als schutzlos, kehre zur Seitenlage mit Selbstumarmung zurück oder mache die »Handpresse« (siehe Seite 15).

Schlechte Gefühle auflösen

Eine Klientin, die sich selbst ins Gesicht schlug, weil sie sich nicht leiden konnte, durchlief folgenden Prozess: Ihre Schläge wurden irgendwann immer schwächer, zögerlicher, bis es nur noch kleine Klapse waren, und schließlich ein liebevolles Streicheln. Durch Selbstberührung ist es jedem möglich, sich in schwierigen Situationen selbst zu »regulieren«. Die folgenden kleinen Übungen sind einfache, in jeder Situation herzustellende Handhaltungen.

 **Fest ➡ Offen**

Wie auf den Bildern 3-mal eine Faust bilden und
dann die Hand öffnen. Beliebig wiederholen.

Wieder zur Mitte finden

➡ Ab durch die Mitte, siehe Seite 24

➡ Raum der Stille, siehe Seite 60f.

Sich sammeln, Halt geben

➡ Fingerfächer, siehe Seite 67

➡ Doppelstecker 1 und 2, siehe Seite 34–36

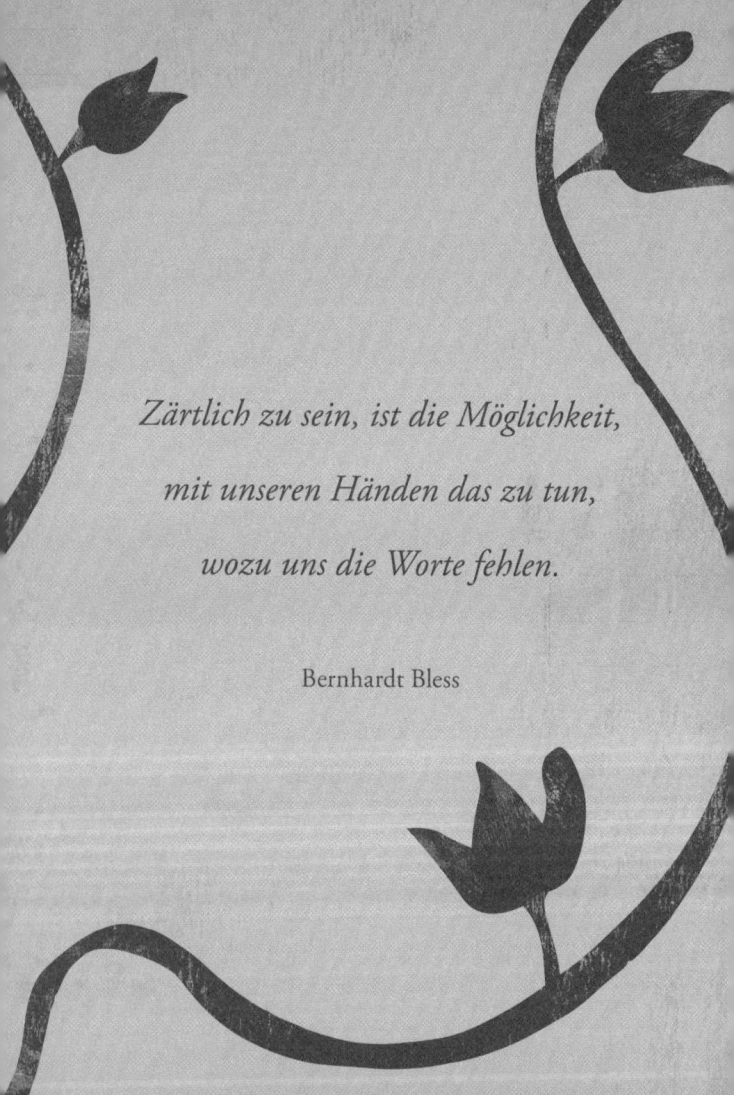

Zärtlich zu sein, ist die Möglichkeit,

mit unseren Händen das zu tun,

wozu uns die Worte fehlen.

Bernhardt Bless

Berührung 6
zwischen Partnern:
Vom Ich zum Du

Wenn ich von Berührung zwischen Partnern spreche, dann meine ich nicht allein den Lebens- oder Ehepartner, sondern auch eine Person, von der Sie möglicherweise (noch) nicht viel wissen, aber mit der Sie sich vorstellen können, Berührungen auszutauschen. Die Basis dafür ist ein gewisses Wohlwollen, Sympathie, vielleicht auch intuitives Vertrauen.

Körperreise mit einem Partner – worauf zu achten ist

● Wenn Sie den Körper des Partners schon länger kennen, tun Sie einfach mal so, als wäre dies nicht der Fall. Es kann vorbereitend helfen, sich einen Tag lang einfach mal zu siezen.

● Schaffen Sie sich ungestörte Zeit und ungestörten Raum.

● Wenn es Körperteile gibt, die Ihnen bei Betrachtung nicht gefallen, schließen Sie die Augen, und erlauben Sie sich dann, das Körperteil durch Berührung neu kennenzulernen.

Machen Sie es sich leicht: Berührung muss keinen festen Ablauf haben. Man muss dabei auch nicht nackt sein. Sehen Sie den Weg, den Ihre Finger nehmen, als Entdeckungsreise und haben Sie Vertrauen. Spielen Sie mit dem Stoff der Kleidung oder der Decke. Lassen Sie Ihre Hände warten oder behutsam wandern, streifen, drücken, tippen, streicheln ... *stellen Sie Fragen mit Ihren Händen.*

● Achten Sie auf Atem, Resonanz, Signale.
Fragen Sie ggf. vorher, was es zu beachten gibt.
Vielleicht ist Ihr Partner an bestimmten Stellen
empfindlich. Erfragen Sie auch die Tagesform
und was er/sie sich vielleicht wünscht.

● Reden Sie beim Berühren eher wenig. Es spricht
ja etwas anderes, Ihre Hände, der Körper … Wenn
es allerdings etwas zu sagen oder zu fragen gibt,
sollte dafür immer Raum sein.
Vielleicht fängt jemand an zu lachen, zu weinen,
zu zittern, wird unruhig oder schläft ein. Nehmen
Sie das auf. Alles, was sich zeigt, gehört auch dazu
bzw. mit in die Reise hinein.

● Ihre innere Haltung beim Berühren ist eine
Art Stille oder auch mutige Offenheit dem
Partner gegenüber. Achten Sie gleichzeitig auf
sich selbst: Sitzen Sie gut, oder juckt es irgendwo,
brauchen Sie noch ein Kissen? Nehmen Sie sich
Zeit für alles, was aufkommt.

● Bewegen Sie sich eher langsam. Der Empfan-
gende soll nachspüren können. Machen Sie kleine
Pausen, in denen Ihre Hand nur ruhig an einer
Stelle liegt.

Gegenseitige Massagen

Dies ist die klassische Form gegenseitiger Berührung. Sie sollten eine zeitliche Verabredung und einige Vorbereitungen treffen. Ist der Raum angenehm warm? Eine Heizdecke unter dem Laken auf der Liegefläche wirkt Wunder. Haben Sie Musik, Kissen, Decken, Öle, Kerzen oder einen bestimmten Duft in Reichweite? Besprechen Sie sich vorher: Gibt es Schmerzen, Wünsche, Berührungsängste? Wie möchte derjenige, der massiert wird, liegen? Möchte er oder sie sich ausziehen oder lieber nicht? Die Massage kann mit solchen Worten eingeleitet werden: »Es gibt jetzt nichts weiter zu tun, außer zu atmen.« Und dann fangen Sie einfach an. Intuitiv oder, wenn Ihnen das zu frei ist, mit Handgriffen, die Sie schon kennen. Mit der Zeit werden Sie Ihren ganz eigenen Weg der Berührung finden.

Ich trage dich, ich helfe dir

Bei dieser Übung sitzen sich Person A und B gegenüber, beide nicht angelehnt. B schließt die Augen und hält die Hände etwa in Bauchhöhe vor sich, Handflächen nach unten. Die Arme sind ruhig und bequem angewinkelt. A nimmt die Hände von B (z. B. mit nach oben geöffneten Handflächen oder durch zartes Greifen) und führt/bewegt sie sehr langsam im Raum. B lässt sich führen/geht mit den Armen einfach mit. A beugt sich z. B. leicht vor, B weicht entsprechend zurück und umgekehrt. Es erinnert an einen Tanz. Vielleicht steht A irgendwann auf, B erhebt sich ebenfalls. A legt sich die Hände von B auf die Schultern und die eigenen Hände auf B.s Hüften. A.s Bewegungen übertragen sich auf B. Das Tempo sollte unbedingt langsam und fließend sein. Die Rollen anschließend wechseln.

 Wozu ist es gut?
Vertrauen und Hingabe an eine andere Person sind eine wichtige Kontaktbasis. Kannst du mal die Führung abgeben und deine Arme dem Partner überlassen? Eine sehr gute Übung für Kontrollfreaks.

Tipps für besondere Berührung

Berührung in Bewegung

Ob Kreis- oder Paartänze, jeder Tanz hat neben wunderbarer Musik auch wunderbare Berührungsmomente. Da gehen alle Mundwinkel automatisch nach oben! Besser als mit dem Lebenspartner klappt es meist mit anderen Tanzpartnern.

Wozu ist es gut?

Tanz bringt frischen Wind in jede(r) Beziehung!

Berührung durch Blickkontakt

Legt Musik auf und bewegt euch frei durch den Raum. Schaut euch dabei 5 Minuten lang *nicht* an, egal wie nah ihr euch kommt. Danach schaut ihr euch 5 Minuten *ununterbrochen* an. Bleibt dabei immer in Bewegung.

Wozu ist es gut?

Jeder Sachverhalt wird klarer und bewusster, wenn man sein Gegenteil erfährt. Beim Blick also die Blickvermeidung.

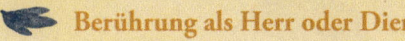 ### Berührung als Herr oder Diener

Dies ist eine Wunsch-Übung. Einer darf sich für eine festgesetzte Zeit (z. B. 30 Minuten) aussuchen, was der andere machen soll. Dies kann von Kuchen holen und Kaffee kochen bis zur Fußmassage oder Striptease (fast) alles sein. Rollen anschließend wechseln.

 ### Wozu ist es gut?

Diese Übung arbeitet spielerisch mit Macht und Ohnmacht. Sie kann alte Rollenverteilungen und geheime Wünsche aufdecken und Partner neu in Kontakt bringen.

 Alles außer Sex!

Legt euch für eine vorher festgelegte Zeit zusammen ins Bett. Ob nackt oder angezogen, ist
Verabredungssache. Wichtig: Sexuelle Berührung
sowie Sprechen sind ausdrücklich verboten.

Wozu ist es gut?

Den anderen einfach nur zu spüren, ohne Absicht,
Druck und Erwartungen, öffnet das Herz und
macht echte Nähe möglich.

Wenn es schwierig wird

Stress und Streit mit anderen, stille oder laute Meinungsverschiedenheiten, schlechte Stimmung – da will man am liebsten nur noch weg! Flucht ist manchmal eine gute (und nötige) Unterbrechung, aber auf Dauer keine gute Lösung. Hier lautet die wichtigste Frage: Wie ist es möglich, bei einem Konflikt trotzdem in Kontakt zu bleiben? Vielleicht können Sie Ihre kritische Schwiegermutter zum Abschied dennoch in den Arm nehmen – und dabei spüren, wie die schlechte Stimmung nachlässt. Bei pubertierenden Kindern ignoriert man am besten den *Ton* ihrer pampigen Bemerkungen. Meine Tochter ist 13 und unausstehlich! Aber auch wenn ich ihre Lieblingsserie wirklich grauenhaft finde, setze ich mich mit einem Teller Lieblingskekse zu ihr aufs Sofa. Sie verzieht keine Miene, rückt sogar ein wenig ab, dann aber wieder näher, und schwupps, sind die Kekse aufgegessen – und wir in Kontakt. Ohne Worte gilt der Grundsatz: »Ich finde dich trotz allem ganz in Ordnung!« Eine besondere Herausforderung sind Beziehungskonflikte. Niemand kennt unsere wunden Punkte und Schattenseiten besser als der Lebenspartner! Wie könnte – trotz Krise – hier Kontakt aussehen? Es gibt ein paar gute Übungen, in denen Nähe *und* Distanz gleichermaßen enthalten sind. Dabei ist es zu Beginn wichtig hineinzuspüren, ob der Körperkontakt für den Einzelnen auch wirklich so stimmt. Manchmal *denkt* man ja, das geht schon, aber im Moment der echten Berührung merkt man vielleicht, nein, es ist zu viel/zu wenig. Brechen Sie ab, wenn es nicht stimmt, oder machen Sie Pausen. Nehmen Sie sich in jedem Fall genügend Zeit.

Übungen für die Beziehung

 ### Antipodisch liegen

Ihr liegt in Rückenlage auf dem Boden, nur die Fußsohlen berühren sich. Bewegungen aller Art sind möglich, solange die Füße sich nicht voneinander lösen. Tretet oder ruckelt euch immer wieder zurecht. Je nach Verabredung könnt ihr schweigen oder euch gegenseitig erzählen, wie ihr euch fühlt. Dauer: 10 bis 15 Minuten. Je nach »Bindungswillen« könnt ihr die Füße auch mit Tüchern zusammenbinden oder Sandalen anziehen, deren Sohlen ihr mit Schnüren aneinander befestigt.

 ### Wozu ist es gut?

Trotz aller Gegensätzlichkeit ist es in dieser Übung möglich, Gemeinsamkeit oder gegenseitiges Aufeinander-Angewiesen-Sein zu spüren. Es gibt nie nur schwarz oder weiß, sondern immer auch etwas dazwischen.

Rücken an Rücken

Legt eine bestimmte Zeit fest, z. B. 30 Minuten.
Setzt euch Rücken an Rücken auf den Boden. Ist
ein Partner kleiner, nimmt er sich ein Sitzkissen.
Auch hier gilt: Bewegung ist in eurem Radius
möglich, sofern ihr den Rückenkontakt nicht ver-
liert. Es muss sich aber nicht immer die gesamte
Rückenfläche berühren. Übergriffe nach hinten,
zum Partner, sind nicht erlaubt. Sprecht beide 5
Minuten vor euch hin, jeder für sich, ohne dem
anderen zuzuhören, ohne jede Bezugnahme. Dann
sprecht abwechselnd, in einer Art Zwiegespräch:
10 Minuten spricht (oder schweigt) der eine, der
andere darf ihn in dieser Zeit weder unterbrechen
noch Kommentare abgeben. Anschließend Wechsel. Spürt beim Sprechen immer den Rückenkontakt. Wie fühlt es sich an? Vibriert es, drückt oder
lehnt sich einer mehr an als der andere? Wie ist
es, sich dabei nicht ansehen zu können? Am Ende
5 Minuten schweigend aneinander gelehnt sitzen.
Dann lösen und im Abstand von ca. 10 Zentime-
tern noch mal allein 5 Minuten schweigend sitzen.

Wozu ist es gut?

Trotz Konflikt ist Verbundenheit spürbar – diese Übung zeigt körperlich die Basis jeder Krisenbewältigung.

ca. 30 Minuten

Handgeben über Kreuz

Legt eine bestimmte Zeit fest. Steht oder sitzt euch gegenüber und gebt euch über Kreuz die Hände. Seht euch an. Etwas liegt »über Kreuz«, etwas steht im wahrsten Sinne des Wortes zwischen euch. Trotzdem seid ihr miteinander verbunden. Ziehen, zerren, ruhig spüren ... probiert aus, aber ohne loszulassen. Entscheidet selbst, ob ihr dabei sprechen wollt.

Wozu ist es gut?

Der Blick verbindet, die Hände zerren, und beides ist tatsächlich gleichzeitig möglich. Wer jetzt einwendet: »Das geht doch nicht unter einen Hut!«, dem sei gesagt: Mach einfach den Hut größer.

Gemeinsam sabbern statt streiten

Besonders in langjährigen Partnerschaften kann es passieren, dass (ebenso langjährige) Konflikte sich zu heftigen Krisen entwickeln. Der respektvolle Umgang miteinander hat längst nachgelassen, der Ton verschärft sich. Wer das kennt und es gern drastisch mag, dem sei die folgende Übung von Dinesh Juckoff empfohlen:

Legt eine bestimmte Zeit fest (mindestens 15 Minuten). Setzt euch gegenüber und bindet euch jeder ein Lätzchen um, oder steckt euch eine Serviette in den Ausschnitt. Schaut euch an. Nicht sprechen. Ihr öffnet nur den Mund, und ab diesem Moment *schluckt ihr nichts mehr hinunter*. Unterkiefer schön locker lassen. Der Speichel rinnt irgendwann auf das Lätzchen. Seht euch gegenseitig dabei zu.

 Wozu ist es gut?

Diese Übung ohne Körperkontakt ist dennoch äußerst berührend! Gemeinsames Sabbern kann die verloren geglaubte Herzensverbindung wieder spürbar machen.

Quellen

Almut Adler, zitiert nach: www. fotovisuelle.de
Waltraud Puzicha, aus: Waltraud Puzicha, Kurz
belichtet, Sprüche. Klappe 1, S. Hirzel Verlag,
Stuttgart 1997
Peter E. Schumacher, zitiert nach:
www.aphorismen.de
Bernhardt Bless, zitiert nach: www.aphorismen.de

Nachwort und Dank

Der Tastsinn ist nicht nur der erste Sinn in unserem Leben, sondern auch der letzte. Liegt ein Mensch im Sterben, der kaum noch sprechen, hören und sehen kann, spürt er dennoch Streicheln, Berührung, einen Händedruck – den er vielleicht sogar noch erwidert. Als mein Vater mit 94 Jahren starb, saß ich ganz nah an seinem Bett und hielt seinen Arm, seine Hand. Sein Atem ging immer schwerer. Er war nicht mehr voll bei Bewusstsein, reagierte und zuckte aber immer noch, wenn er meine Finger auf seiner Haut spürte. Gutes Essen und körperliche Nähe waren ihm zeitlebens immer wichtig gewesen. Nun lag er im Sterben und war auch nicht allein. So streichelte ich ihn, bis ich merkte, dass er wirklich gehen wollte und ich ihn durch die Berührung, die körperlichen Reize, immer wieder »zurückholte«,

also eigentlich am Sterben hinderte.
Jedes Mal, wenn er meine Hand spürte, holte er noch einmal tief Luft. Also
hörte ich auf damit und ließ ihn los, so
schwer es auch fiel. Kurz darauf wurde
es sehr still im Raum.

Achtsamkeit im Umgang miteinander
lässt uns selbst in einem solch besonderen
Moment spüren, ob und wie viel Berührung
gut und hilfreich ist.

BASTEI LÜBBE TASCHENBUCH
Band 61110

Originalausgabe
Copyright © 2019 by Bastei Lübbe AG, Köln
Gesamtgestaltung und Illustration: Lena Ellermann
Gesetzt aus der Adobe Garamond Pro
Textredaktion: Sylvia Gredig, Köln
Zitate, sofern genehmigungspflichtig: Mit freundlicher Genehmigung der Verlage
Der Verlag hat sich bemüht, die Urheber der im Text zitierten Sprüche zu kontaktieren. Sollte dies nicht in allen Fällen gelungen sein, bitten wir freundlich um Kontaktaufnahme.
Druck und Bindung: Print Consult GmbH, München
Printed in Slovakia
ISBN 978-3-404-61110-2

5   4   3   2   1

Sie finden uns im Internet unter www.luebbe.de
Bitte beachten Sie auch: www.lesejury.de

Ein verlagsneues Buch kostet in Deutschland und Österreich jeweils überall dasselbe.
Damit die kulturelle Vielfalt erhalten und für die Leser bezahlbar bleibt, gibt es die gesetzliche Buchpreisbindung. Ob im Internet, in der Großbuchhandlung, beim lokalen Buchhändler, im Dorf oder in der Großstadt – überall bekommen Sie Ihre verlagsneuen Bücher zum selben Preis.